Das Heptameron
Magische Elemente

Von Peter de Abano (1250 . 1316)
Übertragen aus der Ausgabe des The Fourth Book of Occult Philosophy (Das vierte Buch der Okkulten Philosophie) von 1657
Aus dem Englischen übersetzt von Brigitte Krause
Für diesen Druck aufbereitet von Yara

Schleierwelten-Verlag, Nicole Osmanovic
Verlag-Nr. 937341
Verlagshomepage: www.schleierwelten.de
Umschlaggestaltung & Layout: Yara
Druck: dbusiness.de Berlin

ISBN 3-937341-19-6

Das Heptameron

oder

Magische Elemente

von

Peter de Abano (1250-1316), Philosoph

Aus dem Englischen übersetzt von Brigitte Krause

Inhalt

In dem zu Grunde liegenden Buch, dem vierten Buch von Agrippa, wird in ausreichender Weise über Magische Zeremonien und Initiationen gesprochen.

Es scheint aber so, dass er für jene, die in dieser Kunst ausgebildet und erfahren sind, geschrieben hat. Er geht nicht besonders auf die Zeremonien ein, sondern spricht nur im allgemeinen davon. Daher sind ergänzend die Magischen Elemente von Peter de Abano entstanden, damit alle, die bis jetzt keine ausreichenden Kenntnisse haben und in Magischen Praktiken noch nicht erprobt sind, ein Nachschlagewerk und eine Anleitungen an die Hand bekommen.

Dieses Buch stellt eine Einführung in die Magische Kunst dar. Es ermöglicht auch dem Ungeübten, sich mit den Eigenschaften und Funktionen der Geister und deren Anrufung vertraut zu machen. Dazu sind die entsprechenden Tage und Stunden aufgeführt, sowie die jeweiligen Siegel. Diese Anleitungen geben in der Theorie vor, wie in der Praxis zu verfahren ist und welche Studien dazu notwendig sind.

Zusammenfassend enthält dieses Buch die Prinzipien der Magischen Übermittlungen. Die größte Kraft wird den Kreisen zugeordnet. Diese stellen gleichsam eine Art Festung dar, um den Ausübenden vor ihm schadenden Energien zu schützen. Deshalb werden wir als erstes den Aufbau des Kreises behandeln.

Über den Kreis und seine Zusammensetzung

Die Form des Kreises ist nicht immer gleich, sondern wird entsprechend der Reihenfolge der Energien, die gerufen werden sollen, ihrer Plätze, Zeiten, Tage und Stunden, geändert. Denn für den Kreis sollte beachtet werden, in welcher Jahreszeit, an welchem Tag und zu welcher Stunde man den Kreis ziehen will, welche Energien gerufen werden sollen, zu welchem Planeten und zu welcher Himmelsrichtung sie gehören, und welche Funktionen sie haben.

Deshalb ziehe drei Kreise mit einem Durchmesser von neun Fuß und lass eine Handbreit Abstand zwischen den Kreisen. Schreibe zuerst in den mittleren Kreis den Namen der Stunde, in der Du arbeiten wirst. An die zweite Stelle schreibe den Namen des Engels dieser Stunde. An die dritte Stelle schreibe die Sigille des Engels der Stunde. Viertens den Namen des Engels, der über den Tag, an dem Du arbeitest, herrscht und den Namen seiner Diener. An der fünften Stelle den Namen der gegenwärtigen Zeit. Sechstens den Namen der Energien, die in der Zeit herrschen und ihre Herren. Siebtens den Namen des Herrschers des Zeichens, der den Zeitabschnitt, in dem Du arbeitest, beherrscht. Achtens, den Namen der Erde, entsprechend dem Zeitabschnitt, in dem Du arbeitest. Neuntens, und um den mittleren Kreis zu vervollständigen, schreibe den Namen der Sonne und des Mondes entsprechend der genannten Zeitregel, da, wenn die Zeit sich ändert, die Namen ebenfalls verändert werden müssen. Und in den äußeren Kreis schreibe in die vier Seiten die Namen der herrschenden Engel der Luft von dem Tag, an dem Du arbeiten willst - das heißt, den Namen des Königs und seiner drei Diener. An den vier Seiten außerhalb des Kreises zeichne *Fünfecke*. In den inneren Kreis schreibe vier göttliche Namen, mache dazwischen Kreuze in der Mitte des Kreises, das heißt,

Richtung Osten schreibe *Alpha*, und Richtung Westen schreibe *Omega*; teile die Mitte des Kreises mit einem Kreuz. Wenn der Kreis gemäß den oben beschriebenen Regeln fertiggestellt ist, sollst Du fortfahren.

Über die Namen der Stunden und der Engel, die sie beherrschen

Es ist auch bekannt, dass die Engel die Stunden entsprechend dem Lauf der Himmel und der Planeten, denen sie zugeordnet sind, aufeinander folgend beherrschen. Der Engel, der den Tag beherrscht, herrscht auch über die erste Stunde des Tages; der zweite von diesem über die zweite Stunde, der Dritte über die dritte Stunde, usw. Und wenn sieben Planeten und Stunden ihren Umlauf beendet haben, geht es wieder zu dem ersten zurück, der den Tag beherrscht. Deshalb werden wir zuerst über die Namen der Stunden sprechen.

Stunden des Tages	Stunden der Nacht
1. Yayn	1. Beron
2. Janor	2. Barol
3. Nasnia	3. Thanu
4. Salla	4. Athir
5. Sadedali	5. Mathon
6. Thamur	6. Rana
7. Ourer	7. Netos
8. Thamic	8. Tafrac
9. Neron	9. Sassur

10. Jayon	10. Aglo
11. Abai	11. Calerna
12. Natalon	12. Salam

Auf die Namen der Engel und ihre Sigillen werden wir an den entsprechenden Stellen eingehen. Betrachten wir nun die Namen der Jahreszeiten. Ein Jahr besteht aus vier Jahreszeiten; es ist aufgeteilt in Frühling, Sommer, Herbst und Winter, die folgende Namen tragen:

Frühling	Talvi
Sommer	Casmaran
Herbst	Ardarael
Winter	Farlas

Die Engel des Frühjahrs

Caracasa
Core
Amatiel
Commissoros

Der Herrscher des Frühjahrs

Spugliguel

Der Name der Erde im Frühjahr

Amadai

Die Namen von Sonne und Mond im Frühjahr

Sonne	Mond
Abraym.	*Agusita*

Die Engel des Sommers

Gargatel
Tariel
Gaviel

Der Herrscher des Sommers

Tubiel

Der Name der Erde im Sommer

Festativi

Die Namen von Sonne und Mond im Sommer.

Sonne	Mond
Athemay	*Armatus*

Die Engel des Herbstes

Tarquam
Guabarel

Der Herrscher des Herbstes

Tarquaret

Der Name der Erde im Herbst

Rabianara

Die Namen von Sonne und Mond im Herbst

Sonne	Mond
Abragini	*Matasignais*

Die Engel des Winters

Amabael
Ctarari

Der Herrscher des Winters

Altarib

Der Name der Erde im Winter

Geremiah

Die Namen von Sonne und Mond im Winter

Sonne	Mond
Commutaff	*Affaterim*

Weihungen und Segnungen: Über die Segnung des Kreises

Wenn der Kreis rituell gezogen ist, besprenge ihn mit geweihtem oder reinigendem Wasser und sage:

Du sollst mich mit Ysop reinigen, (O Herr), und ich werde rein sein! Du wirst mich waschen, und ich werde weißer sein als Schnee.

Die Segnung des Räucherwerks

Der Gott von Abraham, Gott von Isaac, Gott von Jacob, segne hier die Geschöpfe dieser Gattungen, damit sie die Kraft und Tugenden ihrer Düfte auffüllen, so daß weder der Feind noch eine falsche Vorstellung in sie eindringen können, durch unseren Herrn Jesus Christus.

Besprenge sie dann mit geweihtem Wasser.

Der Exorzismus des Feuers, auf das die Räucherung getan werden soll

Das Feuer, das der Räucherung dienen soll, muss in einem neuen Kessel aus Lehm oder Eisen brennen. Exorziere es auf diese Weise:

Ich exorziere Dich, O Du Wesen des Feuers, durch ihn, durch den alle Dinge gemacht werden, dass Du sogleich alle Trugbilder von denen fortnehmen wirst, so dass sie nicht in der Lage sind, in irgendeiner Weise Schaden anzurichten. Sage dann: *Segne, O Herr, dieses Geschöpf des Feuers und weihe es, damit es gesegnet ist, Deinen heiligen Namen weiter zu preisen, dass kein Schaden über den Exorzisten oder die Anwesenden komme, durch unseren Herrn J.C.*

Über Gewand und Pentakel

Es soll ein Priestergewand sein, wenn es erhältlich ist, soll es aus Leinen und sauber sein. Dann nimm dieses Pentakel, hergestellt in der Merkur-Stunde des Merkur-Tages, bei zunehmendem Mond, gezogen auf aus Ziegenhaut hergestelltem Pergament. Aber sprich zuerst die Fürbitte an den Heiligen Geist über ihm und besprenge es mit Taufwasser.

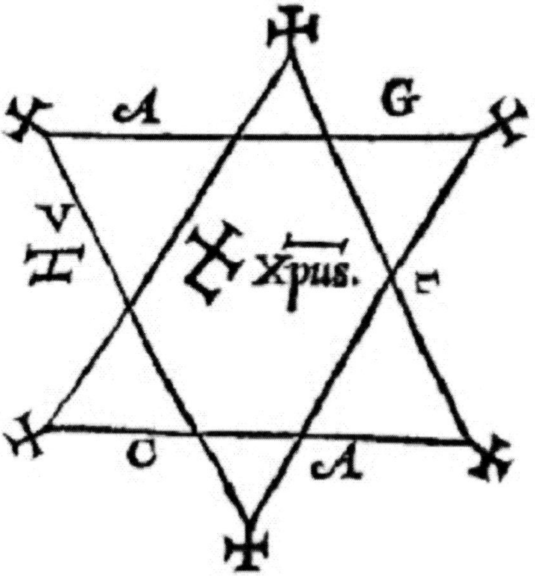

Ein Gebet, das gesprochen werden soll, wenn das Gewand angelegt wird

Ancor, Amacor, Amides, Theodonias, Anitor, mit Unterstützung Deiner Engel, o Herr, werde ich die Gewänder des Heils anlegen, daß ich das, was ich wünsche erreiche: durch Dich, den heiligsten Adonay, dessen Königreich immer und ewig währet. Amen.

Über die Art des Arbeitens

Arbeite bei zunehmendem Mond oder Vollmond aber nicht, wenn sich der Mond in Konjunktion mit der Sonne befindet.

Der Ritualausübende soll sauber sein, gereinigt über einen Zeitraum von neun Tagen, bevor er mit der Arbeit beginnt. Ihm sollte die Beichte abgenommen werden, und er sollte die Heilige Kommunion empfangen. Lass ihm das für den Tag, an dem er arbeiten möchte, geeignete Räucherwerk bereit halten. Er sollte auch von einem Priester geweihtes Wasser haben und einen neuen Tonkessel mit Feuer, ein Gewand und ein Pentakel; all diese Sachen sollten richtig und entsprechend der Vorschriften geweiht und vorbereitet sein. Einer der Diener soll den Tonkessel mit dem Feuer und das Räucherwerk tragen, ein anderer soll das Buch tragen und ein anderer Gewand und Pentakel. Der Meister trägt das Schwert, über dem eine Fürbitte an den Heiligen Geist gesprochen werden muss. In der Mitte des Schwertes soll der Name Agla+ und auf der anderen Seite dieser Name +On+ geschrieben sein. Während er zu dem geheiligten Platz geht, soll er ständig Lithaneien lesen, und die Diener sollen ihm antworten. Wenn er an dem Platz angekommen ist, wird er den Kreis einrichten. Er soll die Linien des Kreises so ziehen, wie wir es zuvor gelehrt haben. Und wenn er dies getan hat, soll er den Kreis mit geweihtem Wasser besprengen und dabei sprechen
„Aspergus me Domine!" (Reinige mich, o Herr!)]

Der Meister sollte sich drei Tage lang vor dem Ritual mit Fasten, Keuschheit und Enthaltsamkeit von allem Luxus und Ballast gereinigt haben. An dem Tag, an dem er die Arbeit verrichtet, gekleidet in reinen Gewändern und ausgestattet mit Pentakeln, Räucherwerk und den anderen benötigten Gegenständen, soll er den Kreis betreten und die Engel aus den vier Himmelsrichtungen, die die sieben Planeten, die sieben Wochentage, Farben und Metalle beherrschen, deren Namen Du an ihren Stellen sehen wirst, anrufen. Und wenn er kniend die einzelnen Engel anruft, soll er sagen *O Angels supradicti, estote adjutores meæ petitioni, & in adjutorium mihi, in meis rebus & petitionibus.*

Dann soll er die Engel aus den vier Himmelrichtungen rufen, die die Luft an dem Tag, an dem er seine Arbeit oder sein Experiment machen will, beherrschen. Und wenn er besonders all die Namen und Geister, die im Kreis geschrieben sind, beschworen hat, soll er sagen:
O vos omnes, adjuro atque contestor per sedem Adonay, per Hagios, ò Theos, Ischyros, Athanatos, Paracletos, Alpha & Omega, & per hæc tria nomina secreta, Agla, On, Tetragrammaton, quòd hodie debeatis adimplere quod cupio.

Wenn er dieses getan hat, soll er die für den Tag, an dem er die Handlung ausübt gültige Beschwörung lesen, so, wie wir es zuvor besprochen haben. Sollten aber die Geister unwillig und widerspenstig sein, und sich weder gegenüber der für den Tag gültigen Beschwörung noch den vorher gesprochenen Gebeten nicht gehorsam zeigen, dann verwende die folgenden Beschwörungen und Exorzismen.

Ein Exorzismus der Geister der Luft

Nos facti ad imaginem Dei, & ejus facti voluntate, per potentissimum & corroboratum nomen Dei El, forte & admirabile vos exorcizamus (hier soll er den Namen der Geister, die er erscheinen lassen möchte, von welchem Rang sie auch immer seien, nennen) *& imperamus per eum qui dixit, & factum est, & per omnia nomina Dei, & per nomen Adonay, El, Elohim, Elohe, Zebaoth, Elion, Escerchie, Jah, Tetragrammaton, Sadai, Dominus Deus, excelsus, exorcizamus vos, atque potenter imperamus, ut appareatis statim nobis hic juxta Circulum in pulchra forma, videlicet humana, & sine deformitate & tortuositate aliqua. Venite vos omnes tales, quia vobis imperamus, per nomen Y & V quod Adam audivit, & locutus est: & per nomen Dei Agla, quod Loth audivit, & factus salvus cum sua familia: & per nomen Joth, quod Jacob audivit ab Angelo secum luctantes, & liberatus est de manu fratris sui Esau:* und im Namen *Anephexetons, quot Aaron audivit, & loquens, & sapiens factus est: & per nomen Zebaoth, quod Moses nominavit, & omnia flumina & paludes de terra Ægypti, versæ fuerunt in sanguinem: & per nomen Ecerchie Oriston, quod Moses nomnavit, & omnes flu vis ebullierunt ranas, & ascenderunt in domos Ægyptiorium, omnia destruentes: & per nomen Elion, quod Moses nominavit, & fuit grando talis, qualis non fuit ab initio mundi: & per nomen Adonay, quod Moses nominavit, & fuerunt locusta, & apparuerunt super terram Ægyptiorum, & comederunt quæ residua erant grandint: & per nomen Schemes amathia, quod Joshua vocavit, & remoratus est Sol cursum: & per nomen Alpha & Omega, quod Daniel nominavit, & destruxit Beel, & Draconem interferit: & in nomine Emmanuel, quod tres pueri, Sidrach, Misach & Abednago, in camino ignis ardentis, cantaverunt, & liberati fuerunt: & per nomen Hagios, & sedem Adonay, & per ò Theos,*

Iscytos, Athanatos, Paracletus; & per hæc tria secreta nomina, Agla, On, Tetragrammaton, adjuro, contestor, & per hæc nomina, & per alia nomina Domini nostri Dei Omnipotentis, vivi & veri, vos qui vestra culpa de Coelis ejecti fuistis usque ad infernum locum, exorcizamus, & viriliter imperamus, per eum qui dixit, & factum est, cui omnes obediunt creaturæ, & per illud tremendum Dei judicium: & per mare omnibus incertum, vitreum, quod est amte, conspectum divinæ majestatis gradiens, & potestiale: & per quatuor divina animalia T. aniè sedem divinæ majesta is gradientia, & oculos antè & retrò habentia: & per ignem ante ejus thronum circumstantem: per sanctos Angelos Cælorum, T. & per eam quæ Ecclesia Dei nominatur: & per summam sapientiam Omnipotentis Dei viriliter exorcizamus, ut nobis hic ante Circulum appareatis, ut faciendam nostram voluntatem, in omnibus prout placuerit nobis: per sedem Baldachiæ, & per hoc nomen Primeumaton, quod Moses nominavit, & in cavernis abyssi fuerunt profundati vel absorpti, Datan, Corah & Abiron: & in virtute istius nominis Primeumaton, tota Coeli militia compellente, maledicimus vos, privamus vos omni officio, loco & gaudio vestro, esque in profundum abyssi, & usque ad ultimum diem judicii vos ponimus, & relegamus in ignem æternum, & in stagnum ignis & sulphuris, nisi statim appareatis hic comra nobis, inte Circulum, ad faciendum voluntatem nostram. In omnibus venite per hæc nomina, Adonay Zebaoth, Adonay, Amioram. Venite, venite, imperat vobis Adonay, Saday, Rex regum potentissimus & tremendissimus, cujus vires nulla subterfugere potest creatura vobis pertinacissimis futuris nisi obedierits, & appareatis ante hunc Circulum, affabiles subito, tandem ruina flebilis miserabilisque, & ignis perpetuum inextinguibilis vos manet. Venite ergo in nomine Adonay Zebaoth, Adonay Amioram: venite, venite, quid tardatis? festinate imperat vobis Adonay, Saday, Rex regum, El, Aty, Titeip, Azia, Hyn, Jen, Minosel, Achadan: Vay, Vaa, Ey, Haa, Eye, Exe, à, El, El, El, à, Hy, Hau, Hau, Hau, Va, Va, Va, Va.

Eine Anrufung an Gott, die im Kreis in die vier Himmelsrichtungen gesprochen werden soll

A *Morule, Taneha, Latisten, Rabur, Taneha, Latisten. Escha, Aladia, Alpha & Omega, Leyste, Oriston, Adonay:*
O mein gnädigster himmlischer Vater, habe Gnade mit mir, obwohl ich sündig bin; lass den Arm Deiner Macht an diesem Tag in mir erscheinen (obwohl ich Dein unwürdiges Kind bin) gegen diese hartnäckigen und bösen Geister, damit ich durch Dich zum Betrachter Deiner göttlichen Taten werde und alle Weisheit erlange und Deinen Namen immer anbeten und preisen werde. Mit Demut flehe ich Dich an und ersuche Dich, dass diese Geister, die ich durch Dein Urteil rufe, gebunden und gezwungen werden, zu kommen und all die Fragen, die ich ihnen stelle werde, wahrheitsgemäß und perfekt zu beantworten. Dass sie uns jene Dinge erklären und zeigen, die durch mich oder uns geboten wurden, keiner Kreatur zu schaden, weder mich noch meine Gefährten zu verletzen oder zu ängstigen, noch ein anderes Lebewesen zu schädigen und niemanden in Schrecken zu versetzen; aber lass sie meine Bitten befolgen, in all den Dingen, die ich ihnen befehlen werde.

Dann soll er sich in die Mitte des Kreises stellen, seine Hand in Richtung des Pentakels halten und sprechen
Per Pentaculum Salomonis advocavi, dent mihi responsum verum.
Dann soll er sagen

Beralanensis, Baldachiensis, Paumachiæ & Apologiæ sedes, per Reges potestaiesiá magnanimas, ac principes præpotentes, genio Liachidæ, ministri tartareæ sedes: Primac, hic princeps sedis Apologiæ nona cohorte: Ego vos invoco, & invocando vos conjure, atque supernæ Majestatis munitus virtute, potenter impero, per eum qui dixit, & factum est, & cui obediunt omnes creaturæ: & per hoc nomen ineffabile, Tetragrammaton hdhy *Jehovah, in quo est plasmatum omne seculum, quo audito elementa corruunt, aër concutitur, mare retrograditur, ignis extinguitur, tera tremit, omnesque exercitus Coelestium, Terrestrium, & Infernorum tremunt, turbantur & corruunt: quatenus citò & sine more & omni occasione remota, ab universis mundi partibus veniatis, & rationabiliter de omnibus quæcunque interrogavero, respondeatis vos, & veniatis pacifice, visibiles, & affabiles: nunc & sine mora manifestantes quod cupimus: conjurati per nomen æterni vivi & veri Dei Helioren; & mandata nostra per ficientes, persistentes semper usque ad finem, & intentionem meam, visibiles nobis, & affabiles, clara voce nobis, intelligibile, & sine omni ambiguitate.*

Visionen und Erscheinungen*

Quibus ritè peractis, apparebunt infinitæ visiones, & phantasmata pulsantia organa & omnis generis instrumenta musica, idque sit à spiritibus, ut terrore compulsi socii abeant à Circulo, quia nihil adversus migistrum possunt. Post hæc videbis infinitos sagittarios cum infinita multitudine bestiarum horribilem: quæ ita se componunt, ac si vellent devorare socios: & tamen nil tiameant. Tunc Sacerdos sive Magister, adhibent manum Pentaculo, dicat: Fugiat hinc iniquitas vestra, virtute vexilli Dei.
Et tunc Spiritus obedire migistro coguntur, & socii nil amilius videbunt.
Dann soll der Exorzist seine Hand in Richtung des Pentakels ausstrecken und sagen: *Ecce Pentaculum Salomonis, quod ante vestram adduxi præsentiam: ecce personam exorcizatoris on medio Exorcismi, qui est optimà à Deo munitus, intrepidus, providus, qui viribus potens vos exorcizando invocavit & vocat. Venite ergo cum festinotione in virtute nominum istorum, Aye, Saraye, Aye Saraye, Aye Saraye, ne differatis venire, per nomina æterna Dei vivi & veri Eloy, Archima, Rabur: & per hoc præsens Pentaculum, quod super vos potenter imperat: & per virutem coelestium Spirituum dominorum vestrorum: & per personam exorcizatoris, conjurati, festinati venire & obedire præceptori vestro, qui vocatur Octinomos. Hisperactis, sibiles in quatuor angulis mundi. Et videbis immediate magnos motus: & cum videris, dicas: Quid tardatis? quid moramini? quid factis? præparate vos & obedite præceptori vesto, in nomine Domini Bathat, vel Vachat super Abrac ruens, super veniens, Abeor super Aberer.*
Tunc immediatè venient in sua forma propria. Et quando videbis eos juxta Circulum, ostende illis Pentaculum coopertum syndone sacro, & discooperiatur, & dicat: Ecce conclusionem vestram, nolite fieri inobedientes. Et subito videbis eos in pacifica forma: & dicent tibi, Pete quid vis, quia nos sumus parati complere omnia mandata tua, quia dominus ad hæc nos subjugavit. Cum autem apparuerint Spiritus, tunc dicas., Bene

veneritis Spiritus, vel reges nobilissimi, quia vos vocavi per illum cui omne genuflectitur, coelestium, terrestrium & infernorum: cujus in manu omnia regna regum sunt, nec est qui suæ contrarius esse possit Majestati. Quatenus constringo vos, ut hic ante circulum visibes, affabiles permanetis, tamdiu tamque constantes, nec sint licentia mea recedatis, donec meam sine fallacia aliqua & veredicè perficiatis voluntatem, per potentiæ illius virtutem, qui mare posuit terminum suum, quem præterire non potest, & lege illius potentiæ, non periransit fines suos, Dei scilicet altissimi, regis, domini, qui cuncta creavit, Amen.

Dann befehle, was Du willst, und es soll geschehen. Entlasse sie danach so: *+ In nomine Patris, + Filii, & + Spiritus sancti, ite in pace ad loca vestra: & pax sit inter nos & vos, parati sitis venire vocati.*

Dies sind die Dinge, über die *Peter de Abano* bezüglich der Magischen Elemente gesprochen hat.

Aber damit man über die Art, einen Kreis zu ziehen, besser Bescheid weiß, werde ich eine Skizze als Beispiel darlegen. Wer im Frühling zur ersten Stunde des Tages des Herrn einen Kreis ziehen möchte, muss es in der selben Art und Weise tun, wie es in der folgenden Abbildung gezeigt wird.

*Amerkung der Übersetzerin zum Kapitel

Visionen und Erscheinungen

Eine andere englisch-lateinische Version der vorliegenden Schriften mit englischen Anmerkungen ergibt im Gegensatz zu oben den folgenden Sinngehalt:

Wenn diese Dinge korrekt ausgeführt wurden, werden ungeheuerliche Visionen, Erscheinungen, Geister usw. auftreten. Trommelschläge und der Klang von musikalischen Instrumenten jeglicher Art, die von diesen Geistern erzeugt wurden, könnten zu hören sein. Sie könnten einige der Gefährten erschrecken und so aus dem Kreis zwingen, weil sie dem Exorzisten selbst nichts anhaben können. Danach wird man eine unendliche Ansammlung von Bogenschützen mit einer Vielzahl von schrecklichen Bestien sehen, die sich so verhalten, als ob sie die Gesellschaft verschlingen wollen. Habt dennoch keine Angst. Dann soll der Exorzist das Pentakel in die Hand nehmen und sagen:

Fugiat hinc iniquitas vestra, virtute vexilli Dei.

Dann werden die Geister dazu gezwungen, dem Exorzisten zu gehorchen, und die Gesellschaft wird sie nie wieder sehen.

Dann soll der Exorzierer seine Hand in Richtung des Pentakels ausstrecken und sagen:

Ecce Pentaculum Salomonis, quod ante vestram adduxi præsentiam: ecce personam exorcizatoris on medio Exorcismi, qui est optimà à Deo munitus, intrepidus, providus, qui viribus potens vos exorcizando invocavit & vocat. Venite ergo cum festinotione in virtute nominum istorum, Aye, Saraye, Aye Saraye, Aye Saraye, ne differatis venire, per nomina æterna Dei vivi & veri Eloy, Archima, Rabur: & per hoc præsens Pentaculum, quod super vos potenter imperat: & per virutem coelestium Spirituum dominorum vestrorum: & per personam exorcizatoris, conjurati, festinati venire & obedire præceptori vestro, qui vocatur Octinomos.

Wenn dies gemacht wurde, wird man sofort ein Zischeln aus den vier Himmelsrichtungen hören. Dann wird man schnell viele Bewegungen sehen. Wenn Du sie siehst, sage:

Quid tardatis? quid moramini? quid factis? præparate vos & obedite præceptori vesto, in nomine Domini Bathat, vel Vachat super Abrac ruens, super veniens, Abeor super Aberer.

Dann werden sie umgehend in ihrer eigentlichen Form erscheinen. Wenn Du sie vor dem Kreis siehst, zeige ihnen das mit feinem Linnen bedeckte Pentakel, enthülle es und sprich:

Ecce conclusionem vestram, nolite fieri inobedientes.

Plötzlich werden sie in einer friedvollen Form erscheinen und sagen: Pete quid vis, quia nos sumus parati complere omnia mandata tua, quia dominus ad hæc nos subjugavit. (Frage, was Du willst, denn wir sind bereit, Deine Befehle zu befolgen, da der Herr uns dazu unterworfen hat.)

Dann sage

Bene veneritis Spiritus, vel reges nobilissimi, quia vos vocavi per illum cui omne genuflectitur, coelestium, terrestrium & infernorum: cujus in manu omnia regna regum sunt, nec est qui suæ contrarius esse possit Majestati. Quatenus constringo vos, ut hic ante circulum visibes, affabiles permanetis, tamdiu tamque constantes, nec sint licentia mea recedatis, donec meam sine fallacia aliqua & veredicè perficiatis voluntatem, per potentiæ illius virtutem, qui mare posuit terminum suum, quem præterire non potest, & lege illius potentiæ, non periransit fines suos, Dei scilicet altissimi, regis, domini, qui cuncta creavit, Amen.

Dann befehle, was Du willst, und es soll geschehen. Entlasse sie danach wie folgt:

+ In nomine Patris, + Filii, & + Spiritus sancti, ite in pace ad loca vestra: & pax sit inter nos & vos, parati sitis venire vocati.

Dies sind die Dinge, über die *Peter de Abano* bezüglich der Magischen Elemente gesprochen hat.

Damit man über die Art, einen Kreis zu ziehen, besser Bescheid weiß, folgt eine Skizze als Beispiel. Wer im Frühling zur ersten Stunde des Tages des Herrn einen Kreis ziehen möchte, muss es in der selben Art und Weise tun, wie es in der folgenden Abbildung gezeigt wird.

Die Darstellung eines Kreises für die erste Stunde des Tages des Herrn im Frühling

Es fehlen nun noch Erklärungen der Woche mit ihren verschiedenen Tagen. Wir beginnen mit dem Tag des Herrn.

Betrachtungen über den Tag des Herrn

Der Engel des Tages des Herrn, seine Sigille, sein Planet, das Zeichen des Planeten und der Name des vierten Himmels.

Die Engel des Tages des Herrn:

Michael, Dardiel, Huratapal

Die Engel der Luft, die am Tag des Herrn herrschen:

Varcan, König

Seine Diener:

Tus. Andas. Cynabal

Der Wind, dem die vorgenannten Engel der Luft unterstehen:

Nordwind

Die Engel des vierten Himmels, die am Tag des Herrn regieren, und die aus den Himmelsrichtungen gerufen werden sollten.

Aus dem Osten

Samael. Baciel. Atel. Gabriel. Vionairaba

Aus dem Westen:

Anael. Pabel. Ustael. Burchat. Suceratos. Capabili

Aus dem Norden:

Aiel. Aniel, oder *Aquiel. Masgabriel. Sapiel. Matuyel*

Aus dem Süden:

Haludiel. Machsiel. Charseil. Uriel. Naromiel

Die Räucherung des Tages des Herrn:

Roter Weizen

Die Beschwörung des Tages des Herrn

Conjuro & confirmo super vos Angeli fortes Dei, & sancti, in nomine Adonay, Eye, Eye, Eye, qui est ille, qui fuit, est & erit, Eye, Abraye: & in nomine Saday, Cados, Cados, Cados, alie sendentis super Cherubin, & per nomen magnum ipsius Die fortis & potentis, exaltatique super omnes coelos, Eye, Saraye, plasmatoris seculorum, qui creavit mundum, coelum, terram, mare, & omnia quæ in eis sunt in primo die, & sigillavit ea sancto nomine suo Phaa: & per nomina sanctorum Angelorum, qui dominantur in quarto exercitu, & serviunt coram potentissimo Salamia, Angelo magno & honorato: & per nomen stellæ, quæ est Sol, & per signum, & per immensum nomen Dei vivi, & per nomina omnia prædicta, conjuro te Michael angele magne, qui es præpositus Diei Dominicæ: & per nomen Adona, Dei Israel, qui creavit mundum & quicquid in eo est, quod pro melabores, & ad moleas omnem meam petitionem, juxta meum velle & votum meum, in negotio & causa mea.

An dieser Stelle sollst Du Deinen Grund und Aufgabe, und wofür Du diese Beschwörung machst, erklären.

Die Geister der Luft am Tag des Herrn unterstehen dem Nordwind. Ihre Natur ist es, Gold, Edelsteine, Karfunkel, Reichtum zu bringen; zu bedingen, dass man Gefallen und Gnade erhält; Feindschaften von Menschen aufzulösen, Männer zu Ehren zu bringen; Gebrechlichkeiten zu bringen oder zu nehmen. Über die Art, wie sie erscheinen, wurde bereits in dem früheren Buch über Magische Zeremonien gesprochen.

Betrachtungen über den Montag

Der Engel des Montags, seine Sigille, sein Planet das Zeichen des Planeten und der Name des ersten Himmels.

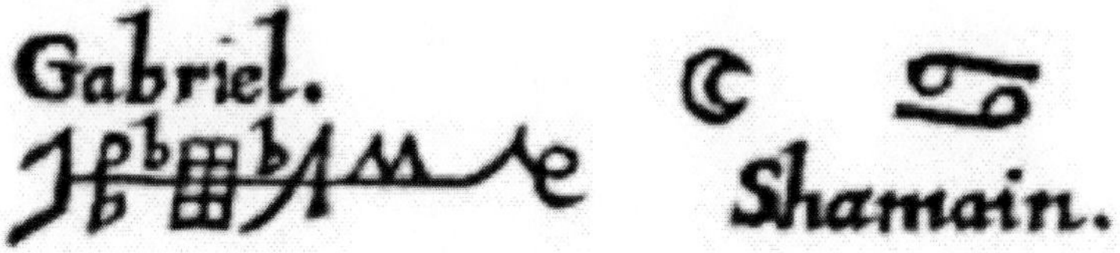

Die Engel des Montags:

Gabriel, Michael, Samael

Die Engel der Luft, die am Tag des Herrn herrschen:

Arcan, König

Seine Diener:

Bilet. Missabu. Abuzaha

Der Wind, dem die vorgenannten Engel der Luft unterstehen:

Westwind

Die Engel des ersten Himmels, die am Montag regieren, und die aus den vier Himmelrichtungen gerufen werden sollten:

Aus dem Osten:

Gabriel, Gabrael, Madiel, Deamiel, Janael

Aus dem Westen:

Sachiel, Zaniel, Habaiel, Bachanael, Corabael

Aus dem Norden:

Mael, Vuael, Valnum, Baliel, Balay, Humastrau

Aus dem Süden:

Curaniel.,Dabriel, Darquiel, Hanun, Anayl, Vetuel

Die Räucherung des Montags:

Aloe

Die Beschwörung des Montags

Conjuro & confirmo super vos Angeli fortes & boni, in nomine Adonay, Adonay, Adonay, Eie, Eie, Eie, Cados, Cados, Cados, Achim, Achim, Ja, Ja, Fortis, Ja, qui apparuis monte Sinai, cum glorificatione regis Adonay, Saday, Zebaoth, Anathay, Ya, Ya, Ya, Marinata, Abim, Jeia, qui maria creavit stagna & omnes aquas in secundo die, quasdam super coelos, & quosdam in terra. Sigillavit mare in alio nomine sua, & terminum, quam sibi posuit, non præter b t: & per nomina Angelorum, qui donimantur in primo exercitu, qui serviunt Orphaniel Angelo magno, precioso & honorato: & per nomen Stellæ, quæ est Luna: & per nomina prædicta, super te conjuro, scilicet Gabriel, qui es præpositus diei. Lunæ secundo quòd pro me labores & adimpleas, &c.

Wie in der Beschwörung des Sonntags.

Die Geister der Luft des Montags unterstehen dem Westwind. Er ist der Wind des Mondes. Ihre Natur ist es, Silber zu geben, Dinge von einem Platz zu einem anderen zu befördern, Pferde schnell zu machen und Geheimnisse von Menschen, die sowohl in der Vergangenheit als auch als auch in der Zukunft liegen, offen zu legen. Aber über die Art, wie sie erscheinen, kannst Du im vorhergehenden Buch nachlesen.

Betrachtungen über den Dienstag

Der Engel des Dienstags, seine Sigille, sein Planet, das Zeichen des Planeten und der Name des fünften Himmels.

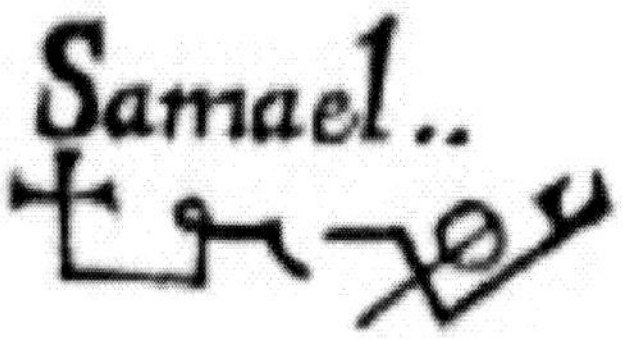

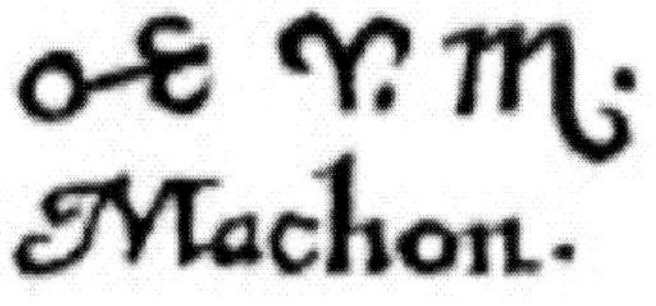

Die Engel des Dienstags:

Samael, Satael, Amabiel

Die Engel der Luft, die am Dienstag herrschen:

Samax, König

Seine Diener:

Carmax, Ismoli, Paffran

Der Wind, dem die vorgenannten Engel der Luft unterstehen:

Ostwind

Die Engel des fünften Himmels, die am Dienstag regieren, und die aus den vier Himmelsrichtungen gerufen werden sollten:

Aus dem Osten:

Friagne, Guael, Damael, Calzas, Arragon

Aus dem Westen:

Lama, Astagna, Lobquin, Soncas, Jazel, Isiael, Irel

Aus dem Norden:

Rahumel, Hyniel, Rayel, Searphiel, Mathiel, Fraciel

Aus dem Süden:

Sacriel, Janiel, Galdel, Osael, Vianuel, Zaliel

Die Räucherung des Dienstags:

Pfeffer

Die Beschwörung des Dienstags

Conjuro & confirmo super vos Angeli fortes & sancti, per nomen Ya, Ya, Ya, He, He, He, Va, Hy, Hy, Ha, Ha, Ha, Va, Va, Va, An, An, An, Aie, Aie, Aie, El, Ay, Elibra, Eloim, Eloim: & per nomina ipsius alti Dei, qui secit aquam aridam apparere, & vocavit terram, & produxit arbores, & herbas de ea, & sigillavit super eam cum precioso, honorato, metuendo & sancto nomine suo: & per nomen angelorum dominantium in quinto exercitu, qui serviunt Acimoy Angelo magno, forti, potenti, & honorato: & per nomen Sellæ, que est Mars: & per nomina prædicta conjuro super te Samael, Angele magne, qui præpositus es diei Martis: & per nomina Adonay, Dei vivi & veri, quod pro me labores, & adimpleas, &c.

Wie in der Beschwörung des Sonntags.

Die Geister des Dienstags unterstehen dem Ostwind. Ihre Natur ist es, Kriege, Sterblichkeit, Tod und Feuersbrünste zu bringen und zwei tausend Soldaten gleichzeitig hervorzubringen, Tod, Gebrechen oder Gesundheit zu bringen. Über die Art, wie sie erscheinen, kannst Du im vorigen Buch lesen.

Betrachtungen über den Mittwoch

Der Engel des Mittwochs, seine Sigille, sein Planet, das Zeichen des Planeten und der Name des zweiten Himmels.

Die Engel des Mittwochs:

Raphael, Miel, Seraphiel

Die Engel der Luft, die am Mittwoch herrschen:

Mediat, oder Modiat, König.

Seine Diener:

Suquinos, Sallales

Der Wind, dem die vorgenannten Engel der Luft unterstehen:

Südwestwind
Die Engel des zweiten Himmels, die am Mittwoch regieren, und die aus den vier Himmelsrichtungen gerufen werden sollten:

Aus dem Osten:

Mathlai, Tarmiel, Baraborat

Aus dem Westen:

Jeresous, Mitraton

Aus dem Norden:

Thiel, Rael, Jariahel, Venahel, Velel, Abuiori, Ucirnuel

Aus dem Süden:

Milliel, Nelapa, Babel, Caluel, Vel, Laquel

Die Räucherung des Mittwochs:

Mastix

Die Beschwörung des Mittwochs

Conjuro & confirmo vos angeli fortes, sancti & potentes, in nomine fortis, metuendissimi & benedicti Ja, Adonay, Eloim, Saday, Saday, Saday, Eie, Eie, Eie, Asamie, Asaraie: & in nomine Adonay Dei Israel, qui creavit luminaria magna, ad distinguendum diem à nocte: & per nomen omnium Angelorum deservientium in exercitu secundo coram Tetra Angelo majori, atque forti & potenti: & per nomen Stellæ, quæ et Mercurius: & per nomen Sigilli, quæ sigillatur a Deo fortissimo & honoratio: per omnia prædicta super te Raphael angele magne, conjuro, qui es præpositus die: quartæ: & per nomen sanctum quod erat scriptum in fronte Aaron sacerdotis altissimi creatoris: & per nomina Angelorum qui in gratiam Salvatoris confirmati sunt: & per nomen sedis Animalium, habentium senas alas, quòd pro me labo, et, &c.

Wie in der Beschwörung des Sonntags.

Die Geister der Luft des Mittwochs unterstehen dem Südwestwind. Ihre Natur ist es, alle Metalle zu geben, alle irdischen Dinge, die in der Vergangenheit, Gegenwart und Zukunft liegen, zu offenbaren, Richter zu besänftigen, Siege in Kriegen zu bringen, Wiederaufbau, und Experimente und verschüttete Wissenschaften zu lehren, und bedingungsweise aus Elementen bestehende Körper wechseln zu lassen, wobei ein Körper in den eines anderen schlüpft; Gebrechen oder Gesundheit zu geben, die Armen zu erheben, und die, die oben stehen, zu stürzen, Geister zu binden oder freizugeben, Schlösser oder Schrauben zu öffnen: solche Art von Geister haben die Gewalt über andere, aber nicht in ihrer perfekten Kraft, sondern durch Macht oder durch Wissen. Über die Art, wie sie erscheinen, wurde vorher gesprochen.

Betrachtungen über den Donnerstag

Der Engel des Donnerstags, seine Sigille, sein Planet, das Zeichen des Planeten und der Name des sechsten Himmels

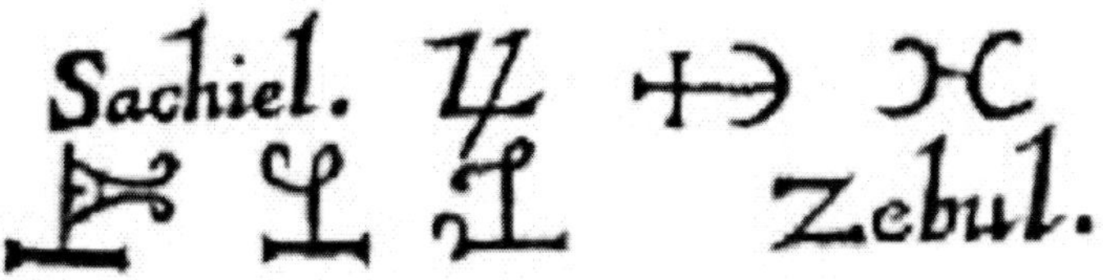

Die Engel des Donnerstags:

Sachiel, Castiel, Asasiel

Die Engel der Luft, die am Donnerstag herrschen:

Suth, Rex

Seine Diener:

Maguth, Gutrix

Der Wind, dem die vorgenannten Engel der Luft unterstehen:

Südwind

Da es keine Engel der Luft über den fünften Himmel gibt, sprich am Donnerstag folgende Gebete in die Himmelsrichtungen.

In den Osten:

O Deus magne & excelse, & honorate, per infinita secula.

In den Westen:

O Deus sapiens, & clare, & juste, ac divina clementia: ego rogo te piissime Pater, quòd meam petitionem, quòd meum opus, & meum laborem hodie debeam complere, & perfectè intelligere. Tu qui vivis & regnas per infinita secula seculorum, Amen.

In den Norden:

O Deus potens, fortis, & sine principio.

In den Süden:

O Deus potens & Misericors.

Die Räucherung des Donnerstags:
Safran.

Die Beschwörung des Donnerstags

Conjuro & confirmo super vos, Angeli sancti, per nomen, Cados, Cados, Cados, Eschereie, Eschereie, Eschereie, Hatim ya, fortis firmator seculorum, Cantine, Jaym, Janic, Anic, Calbat, Sabbac, Berifay, Alnaym: & per nomen Adonay, qui creavit pisces reptilia in aquis, & aves super faciem terræ, volantes versus coelos die quinto: & per nomina Angelorum serventium in sexto exercitu coram pastore Angelo sancto & magno & ptotenti principe: & per nomen stellæ, quæ est Jupiter: & per nomen Sigilli sui: & per nomen Adonay, summi Dei, omnium creatoris: & per nomen omnium stellarum, & per vim & virtutem earum: & per nomina prædicta, conjuro te Sachiel Angele magne, qui es præpositus dici Jovis, ut pro me labores, &c.

Wie in der Anrufung des Tags des Herrn.

Die Geister der Luft des Donnerstags unterstehen dem Südwind. Ihre Natur ist es, die Liebe der Frau zu erwecken, Männer zu veranlassen, fröhlich und glücklich zu sein, Zank und Streit zu schlichten, Feinde zu besänftigen; die Kranken zu heilen und die Gesunden mit Krankheiten zu behaften, Verluste herbeizuführen oder wegzunehmen. Über die Art, wie sie erscheinen, wurde bereits gesprochen.

Betrachtungen über den Freitag

Der Engel des Freitags, seine Sigille, sein Planet, das Zeichen des Planeten und der Name des dritten Himmels.

Die Engel des Freitags:

Anael, Rachiel, Sachiel

Die Engel der Luft, die am Freitag herrschen:

Sarabotes, König

Seine Diener:

Amabiel, Aba, Abalidoth, Flaef

Der Wind, dem die vorgenannten Engel der Luft unterstehen:

Westwind

Die Engel des dritten Himmels, die am Freitag regieren, und die aus den vier Himmelsrichtungen gerufen werden sollten:

Aus dem Osten:

Setchiel, Chedusitaniel, Corat, Tamael, Tenaciel

Aus dem Westen:

Turiel, Coniel, Babiel, Kadie, Maltiel, Huphaltiel

Aus dem Norden:

Peniel, Pernael, Penat, Raphael, Raniel, Doremiel

Aus dem Süden:

Porna, Sachiel, Chermiel, Samael, Santanael, Famiel

Die Räucherung des Freitags:

Kresse

Die Beschwörung des Freitags

Conjuro & confirmo super vos Angeli fortes, sancti atque potentes, in nomine On, Hey, Heya, Ja, Je, Adonay, Saday, & in nomine Saday, qui creavit quadrupedia & anamalia reptilia, & homines in sexto die, & Adæ dedit potestatem super omnia animalia: unde benedictum sit nomen creatoris in loco suo: & per nomina Angelorum servientium in tertio exercitu, coram Dagiel Angelo magno, principe forti atque potenti: & per nomen Stellæ quæ est Venus: & per Sigillum ejus, quod quidem est sanctum: & per nomina prædicta conjuro super te Anael, qui es præpositus diei sextæ, ut pro me labores, & c.

Wie vorher bei der Anrufung des Sonntags.

Die Geister der Luft des Freitags unterstehen dem Westwind. Ihre Natur ist es, Silber zu geben, Männer zu motivieren und sie zum Luxus zu bewegen, Feinde durch Luxus auszusöhnen, und Hochzeiten zu bedingen, Männer dazu zu verleiten, Frauen zu lieben, Gebrechen herbeizuführen oder wegzunehmen, und all die Dinge, die in Bewegung sind, zu tun.

Betrachtungen über den Sonnabend oder den Sabbattag

Der Engel des Sonnabends, seine Sigille, sein Planet und das Zeichen des Planeten

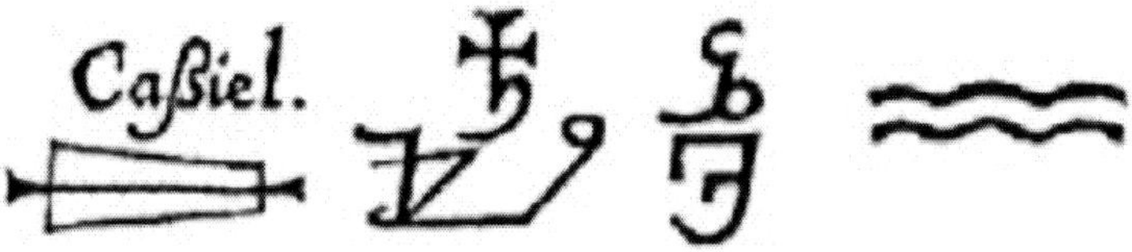

Die Engel des Sonnabends:

Cassiel, Machatan, Uriel

Die Engel der Luft, die am Sonnabend herrschen:

Maymon, König

Diener:

Abumalith, Assaibi, Balidet

Der Wind, dem die vorgenannten Engel der Luft unterstehen:

Südwestwind

Die Räucherung des Sonnabends:

Schwefel

Es wurde bereits in der Betrachtung des Donnerstags erklärt, dass es keine herrschenden Engel über dem fünften Himmel gibt: Deshalb sprich die Gebete, die zu diesem Zweck am Donnerstag angegeben sind, in die vier Himmelsrichtungen.

Die Beschwörung des Sonnabends

Conjuro & confirmo super vos Caphriel vel Cassiel, Machatori, & Seraquiel Angeli fortes & potentes: & per nomen Adonay, Adonay, Adonay, Eie, Eie, Eie, Acim, Acim, Acin, Cados, Cados, Ina vel Ima, Ima, Saclay, Ja, Sar, Domini formatoris seculorum, qui in septimo die quie vt: & per illum qui in beneplacito suo filiis Israel in hereditatem observandum dedit, ut eum firmiter custodirent, & sanctificarent, ad habendem inde bonam in alio seculo remunerationem: & per nomina Angelorum servientium in exercitu septimo Pooel Angelo magno & potenti principi: & per nomen stellæ quæ est Saturnus: & per sanctum Sigillum ejus: & per nomina prædicta conjuro super te Caphriel, qui præpositus es diei septimæ, quæ est dies Sabbati, quòd pro me labores, &c.

Wie es bei der Beschwörung des Tages des Herrn niedergeschrieben ist.

Die Geister der Luft des Sonnabends unterstehen dem Westwind. Ihre Natur ist es, Zwietracht, Haß und böse Gedanken zu säen, zu befreien; jeden zu erschlagen und zu töten und jedes Körperteil erlahmen zu lassen oder zu lähmen. Die Art, wie sie erscheinen, ist in dem früheren Buch erklärt.

Die Engel der Stunden entsprechend des Verlaufs der Tage

SONNTAG

Stunde des Tages	Engel der Stunde	Stunde des Tages	Engel der Stunde
1. Yayn	Michael	7. Ourer	Samael
2. Janor	Anael	8. Tanic	Michael
3. Nasnia	Raphael	9. Neron	Anael
4. Salla	Gabriel	10. Jayon	Raphael
5. Sadedali	Cassiel	11. Abay	Gabriel
6. Thamur	Sachiel	12. Natalon	Cassiel

SONNTAG NACHT

Nachtstunde	Engel der Stunde	Nachtstunde	Engel der Stunde
1. Beron	Sachiel	7. Netos	Cassiel
2. Barol	Samael	8. Tafrac	Sachiel
3. Thanu	Michael	9. Saffur	Samael
4. Athir	Anael	10. Aglo	Michael
5. Mathun	Raphael	11. Calerna	Anael
6. Rana	Gabriel	12. Salam	Raphael

MONTAG

Stunde des Tages	Engel der Stunde	Nachtstunde	Engel der Stunde
1. Yayn	Gabriel	1. Beron	Anael
2. Janor	Cassiel	2. Barol	Raphael
3. Nasnia	Sachiel	3. Thanu	Gabriel
4. Salla	Samael	4. Athir	Cassiel
5. Sadedali	Michael	5. Mathon	Sachiel
6. Thamur	Anael	6. Rana	Samael
7. Ourer	Raphael	7. Netos	Michael
8. Tanic	Gabriel	8. Tafrac	Anael
9. Neron	Cassiel	9. Sassur	Raphael
10. Jayon	Sachiel	10. Aglo	Gabriel
11. Abay	Samael	11. Calerna	Cassiel
12. Natalon	Michael	12. Salam	Sachiel

DIENSTAG

Stunde des Tages	Engel der Stunde	Nachtstunde	Engel der Stunde
1. Yayn	Samael	1. Beron	Cassiel
2. Janor	Michael	2. Barol	Sachiel
3. Nasnia	Anael	3. Thanu	Samael
4. Salla	Raphael	4. Athir	Michael
5. Sadedali	Gabriel	5. Mathon	Anael
6. Thamur	Cassiel	6. Rana	Raphael
7. Ourer	Sachiel	7. Netos	Gabriel
8. Tanic	Samael	8. Tafrac	Cassiel
9. Neron	Michael	9. Sassur	Sachiel
10. Jayon	Anael	10. Aglo	Samael
11. Abay	Raphael	11. Calerna	Michael
12. Natalon	Gabriel	12. Salam	Anael

MITTWOCH

Stunde des Tages	Engel der Stunde	Nachtstunde	Engel der Stunde
1. Yayn	Rapahel	1. Beron	Michael
2. Janor	Gabriel	2. Barol	Anael
3. Nasnia	Cassiel	3. Thanu	Raphael
4. Salla	Sachael	4. Athir	Gabriel
5. Sadedali	Samael	5. Mathon	Cassiel
6. Thamur	Michael	6. Rana	Sachiel
7. Ourer	Anael	7. Netos	Samael
8. Tanic	Raphael	8. Tafrac	Michael
9. Neron	Gabriel	9. Sassur	Anael
10. Jayon	Cassiel	10. Aglo	Raphael
11. Abay	Sachiel	11. Calerna	Gabriel
12. Natalon	Samael	12. Salam	Cassiel

DONNERSTAG

Stunde des Tages	Engel der Stunde	Nachtstunde	Engel der Stunde
1. Yayn	Sachiel	1. Beron	Gabriel
2. Janor	Samael	2. Barol	Cassiel
3. Nasnia	Michael	3. Thanu	Sachiel
4. Salla	Anael	4. Athir	Samael
5. Sadedali	Raphael	5. Mathon	Michael
6. Thamur	Gabriel	6. Rana	Anael
7. Ourer	Cassiel	7. Netos	Raphael
8. Tanic	Sachiel	8. Tafrac	Gabriel
9. Neron	Samael	9. Sassur	Cassiel
10. Jayon	Michael	10. Aglo	Sachiel
11. Abay	Anael	11. Calerna	Samael
12. Natalon	Raphael	12. Salam	Michael

FREITAG

Stunde des Tages	Engel der Stunde	Nachtstunde	Engel der Stunde
1. Yayn	Anael	1. Beron	Samael
2. Janor	Raphael	2. Barol	Michael
3. Nasnia	Gabriel	3. Thanu	Anael
4. Salla	Cassiel	4. Athir	Raphael
5. Sadedali	Sachiel	5. Mathon	Gabriel
6. Thamur	Samael	6. Rana	Cassiel
7. Ourer	Michael	7. Netos	Sachiel
8. Tanic	Anael	8. Tafrac	Samael
9. Neron	Raphael	9. Sassur	Michael
10. Jayon	Gabriel	10. Aglo	Anael
11. Abay	Cassiel	11. Calerna	Raphael
12. Natalon	Sachiel	12. Salam	Gabriel

SONNABEND

Stunde des Tages	Engel der Stunde	Nachtstunde	Engel der Stunde
1. Yayn	Cassiel	1. Beron	Raphael
2. Janor	Sachiel	2. Barol	Gabriel
3. Nasnia	Samael	3. Thanu	Cassiel
4. Salla	Michael	4. Athir	Sachiel
5. Sadedali	Anael	5. Mathon	Samael
6. Thamur	Raphael	6. Rana	Michael
7. Ourer	Gabriel	7. Netos	Anael
8. Tanic	Cassiel	8. Tafrac	Raphael
9. Neron	Sachiel	9. Sassur	Gabriel
10. Jayon	Samael	10. Aglo	Cassiel
11. Abay	Michael	11. Calerna	Sachiel
12. Natalon	Anael	12. Salam	Samael

Dies alles muss so befolgt werden. In jedem Land und in jeder Jahreszeit entspricht die erste Stunde des Tages dem Sonnenaufgang, wenn die Sonne zum ersten Mal am Horizont aufgehend erscheint. Die erste Stunde der Nacht soll die dreizehnte Stunde ab der ersten Stunde des Tages sein. Aber über diese Dinge ist ausreichend gesprochen worden.

ENDE